West Chicago Public Library District
118 West Washington
West Chicago, IL 60185-2803
Phone # (630) 231-1552
Fax # (630) 231-1709

LA ANTIGUA INDIA

DANIEL R. FAUST

TRADUCIDO POR ALBERTO JIMÉNEZ

Gareth Stevens
PUBLISHING

ENCONTEXTO

Please visit our website, www.garethstevens.com. For a free color catalog of all our high-quality books, call toll free 1-800-542-2595 or fax 1-877-542-2596.

Cataloging-in-Publication Data

Names: Faust, Daniel R.
Title: La antigua India / Daniel R. Faust.
Description: New York : Gareth Stevens Publishing, 2019. | Series: Las antiguas civilizaciones | Includes glossary and index.
Identifiers: LCCN ISBN 9781538236628 (pbk.) | ISBN 9781538236642 (library bound) | ISBN 9781538236635 (6 pack)
Subjects: LCSH: India—Civilization—To 1200—Juvenile literature.
Classification: LCC DS425.F385 2019 | DDC 934—dc23

First Edition

Published in 2019 by
Gareth Stevens Publishing
111 East 14th Street, Suite 349
New York, NY 10003

Translator: Alberto Jiménez
Editor, Spanish: María Cristina Brusca
Designer: Reann Nye

Photo credits: Series art (writing background) mcherevan/Shutterstock.com, (map) Andrey_Kuzmin/Shutterstock.com; cover, p. 1 Waj/Shutterstock.com; p. 5 ekler/Shutterstock.com; p. 7 Werner Forman/Universal Images Group/Getty Images; p. 9 William Dwight Whitney, Charles Rockwell Lanman/Ms Sarah Welch/Wikipedia.org ; p. 11 Probably Nurpur, Punjab Hills, Northern India/ShotgunMavericks/Wikipedia.org; p. 13 saiko3p/Shutterstock.com; p. 17 Mivr/Shutterstock.com; p. 19 Everett - Art/Shutterstock.com; p. 21 (top) PHGCOM/Uploadalt/Wikipedia.org; p. 21 (middle, bottom) PHGCOM/World Imaging/Wikipedia.org; p. 23 BasPhoto/Shutterstock.com; p. 25 spiber.de/Shutterstock.com; p. 27 rasika108/Shutterstock.com; p. 29 Waj/Shutterstock.com.

Printed in the United States of America

CPSIA compliance information: Batch #CW19GS: For further information contact Gareth Stevens, New York, New York at 1-800-542-2595.

CONTENIDO

Las palabras del glosario se muestran en **negrita** la primera vez que aparecen en el texto.

LA CIVILIZACIÓN DEL VALLE DEL INDO

La India moderna debe su nombre al río Indo, uno de los tres principales del **subcontinente** indio. Alrededor del año 4000 a. C., la gente comenzó a cultivar junto al Indo. Construyeron aldeas y criaron cabras, ovejas y reses. Con el tiempo, esas aldeas se convirtieron en ciudades.

Río Indo

●─Harappa

Mohenjo-Daro ●

CIVILIZACIÓN DEL
VALLE DEL INDO

Río
Brahmaputra

Desierto de
Thar

Río Ganges

Mar de Arabia

Océano
Índico

Si quieres saber más

Los primeros asentamientos se establecieron cerca de
los ríos. Al disponer de agua, los cultivos y la población
aumentaron, y esto trajo al crecimiento de las ciudades.

Las ciudades construidas junto al río Indo, que formaron parte de la civilización del valle del Indo (o civilización harappana), eran muy avanzadas para su tiempo. Disponían de calles bien trazadas, baños interiores y sistemas de **alcantarillado**.

Si quieres saber más

India es una de las cuatro grandes civilizaciones antiguas. Las otras tres son Egipto, China y Mesopotamia.

Ciudad harappana de Mohenjo-daro, 2500-2000 a. C.

EL PUEBLO VÉDICO

Los védicos, que llegaron al valle del Indo alrededor del 1500 a. C., trajeron nuevas costumbres y creencias. Con el tiempo, dieron origen a una nueva civilización.

El nombre "védico" proviene de los Vedas, los libros sagrados que la gente seguía.

Si quieres saber más

A diferencia de los harappanos, que vivieron en grandes ciudades,
los védicos vivían en granjas y pueblos pequeños.

HINDUISMO Y BUDISMO

La **religión** fue importante en casi todas las civilizaciones antiguas. La religión del pueblo védico cambió lentamente a lo largo del tiempo y se convirtió en el hinduismo. Las ideas principales del hinduismo se centran en torno a los cuatro objetivos de la vida: deber, trabajo, **pasión** y libertad.

Si quieres saber más

Los hinduistas creían que el dios Brahma creó la Tierra
y todo lo que se encuentra en ella.

El budismo es otra religión importante que también comenzó en India. Se basa en las enseñanzas de un hombre llamado Siddhartha Gautama. Gautama fue un príncipe de un reino del noreste de India; llegó a convertirse en el primer Buda, o **"iluminado"**.

El budismo se extendió por toda Asia e **influyó** en las creencias y formas de vida de la gente de otros países, como China, Japón y Corea.

13

EL SISTEMA DE CASTAS

El sistema de castas era una creencia básica del hinduismo. Este sistema dividía al pueblo de India en cuatro clases principales basadas en su trabajo y su deber religioso. La gente de la casta más alta era la que tenía más **riqueza** y poder.

SISTEMA DE CASTAS HINDUISTA

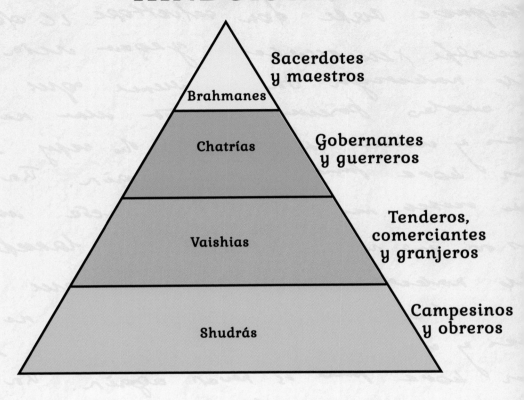

Sacerdotes y maestros

Brahmanes

Chatrías

Gobernantes y guerreros

Vaishias

Tenderos, comerciantes y granjeros

Shudrás

Campesinos y obreros

Si quieres saber más

Los nacidos en una casta, determinada por la riqueza y el poder de su familia, solo podían realizar ciertos trabajos y casarse con gente de su misma casta.

LOS 16 REINOS

Alrededor del 700 a. C.,
16 reinos comenzaron a
ascender en el valle del río
Ganges. Varios de estos 16
mahājanapadas, o "grandes
estados", lucharon por el
control de la zona. El estado
de Magadha ganó la contienda
y se convirtió en el mayor
de los mahājanapadas.

Río Ganges

Si quieres saber más

Los mahājanapadas crearon un sistema bancario que
incluía la fabricación de monedas de plata y cobre.

CAÍDA Y ASCENSO DE INDIA

Alrededor del 515 a. C., el **Imperio persa conquistó** el norte de India. En el año 327 a. C. Alejandro Magno **invadió** el país. Tras morir Alejandro, en el 323 a. C, el Imperio maurya subió al poder. Poco después, este imperio controlaba la mayor parte del subcontinente indio.

Si quieres saber más

Después de la caída del Imperio maurya, India se dividió
en muchos reinos pequeños que a menudo combatían entre sí.

LA EDAD DE ORO

El ascenso del Imperio gupta creó paz y riqueza en el subcontinente indio. Chandra Gupta I invirtió dinero en arte, matemáticas y medicina, dando origen a una edad de oro en la antigua India. Este imperio próspero y avanzado solía sorprender a los visitantes extranjeros.

Monedas del Imperio gupta

Si quieres saber más

Se cree que el fundador del Imperio gupta ¡pertenecía a la segunda casta más baja! En el sistema de castas, era muy difícil que alguien de una casta inferior llegara al poder.

EL SÁNSCRITO

La mayor parte de lo que sabemos sobre la antigua India proviene de escritos del pueblo védico. Estos escritos están en una lengua llamada sánscrito. Las escrituras sánscritas incluyen trabajos sobre matemáticas y astronomía, y dos largos poemas: el *Ramayana* y el *Mahabharata*.

Si quieres saber más

El sánscrito es una de las lenguas oficiales de India. Además, tuvo influencia en otros idiomas del sudeste asiático.

INVENTOS DE LA ANTIGUA INDIA

Muchos **conceptos** e inventos comunes que usamos hoy día se crearon en la antigua India. El concepto de cero y el sistema decimal proceden de la antigua India. Algunos científicos de la época sugirieron incluso que la Tierra se movía alrededor del sol.

$$= 4x^3 \left(\sqrt{1 + \frac{4}{x^6}} \right)^3$$

$$x^3 \sqrt{1 + \frac{4}{x^6}} \left(1 + \frac{4}{x^6} \right) \sqrt{1 +}$$

$$\sqrt{1 + \frac{4}{x^6}} \; (4 -$$

$$\sqrt{1 + \frac{4}{x^6}} \left(4x^3 - \frac{20}{x^3} \right) \right]'$$

$$1$$

Si quieres saber más

El concepto de cero proviene de las formas de pensar indias.
El cero se utilizaba como símbolo de *shunya*, que significa "vacío".

$$x^7 / + 1$$

$$1 + 4$$

Hacia el 2500 a. C.,
los harappanos empezaron a
cultivar algodón, cuyo tejido
llegó a ser un artículo de
lujo. Se cree que el índigo,
un tinte azul oscuro, proviene
también de India; los griegos
lo llamaban azul *indikon*, que
significa "de la India".

Si quieres saber más

Algunos juegos actuales, como el ajedrez y Serpientes y
escaleras se basan en juegos inventados en la antigua India.

LA CAÍDA DEL IMPERIO GUPTA

Tras la caída del Imperio gupta, hacia el 550 d. C., India se dividió de nuevo en reinos más pequeños. Estos reinos no pudieron impedir que los árabes musulmanes la invadieran por el norte. El país permaneció bajo el control de naciones extranjeras hasta mediados del siglo XX.

Si quieres saber más

Los nativos de India y los recién llegados musulmanes tenían dificultades para convivir, debido a sus diferentes religiones y costumbres.

LÍNEA DEL TIEMPO DE LA ANTIGUA INDIA

c. 3500-2600 a. C.
Se establece
la civilización harappana.

1500 a. C.
El pueblo védico entra en
el valle del río Indo.

700 a. C.
Los 16 mahājanapadas
llegan al poder en el noreste
de India; aparece una forma
primitiva de hinduismo.

c. 515 a. C.
El Imperio persa
se apodera del norte
de India.

500-400 a. C.
El budismo se extiende
por toda India.

327 a. C.
Alejandro Magno
conquista partes de India.

550 d. C.
El Imperio gupta termina.

GLOSARIO

alcantarillado: sistema de tuberías generalmente subterráneo que sirve para conducir el agua y los desechos.

concepto: una idea de lo que es algo o de cómo funciona.

conquistar: tomar por la fuerza.

iluminado: persona de mente abierta capaz de comprender cómo debe tratarse a los demás.

Imperio persa: imperio de Asia occidental durante la antigüedad.

influencia: efecto, repercusión.

invadir: entrar en un lugar para apoderarse de él .

lujo: algo que ofrece más de lo necesario y que suele ser más caro.

pasión: fuerte sentimiento de emoción por algo o por hacer algo.

religión: conjunto de creencias sobre un dios o dioses, de normas morales y de prácticas rituales.

riqueza: valor del dinero, de la tierra y de las pertenencias de alguien o algo.

subcontinente: gran superficie de tierra que forma parte de uno de los continentes (América del Norte, América del Sur, Europa, Asia, África, Oceanía y Antártida).

PARA MÁS INFORMACIÓN

LIBROS

Ali, Daud. *Ancient India*. Helotes, TX: Armadillo Children's Publishing, 2013.

Wood, Alix. *Uncovering the Culture of Ancient India*. New York, NY: PowerKids Press, 2016.

SITIO DE INTERNET

Religiones: Hinduismo

www.bbc.co.uk/religion/religions/hinduism/

Para profundizar en la historia, los conceptos y las creencias del hinduismo.

ÍNDICE